När Jag Är Dyster

Sam Sagolski
Illustrerad av Daria Smyslova

www.kidkiddos.com
Copyright ©2025 by KidKiddos Books Ltd.
support@kidkiddos.com

All rights reserved. No part of this book may be reproduced in any form or by any electronic or mechanical means, including information storage and retrieval systems, without written permission from the publisher, except in the case of a reviewer, who may quote brief passages embodied in critical articles or in a review.
First edition, 2025

Translated from English by Simona Stojkovski
Översatt från engelska av Simona Stojkovski

Library and Archives Canada Cataloguing in Publication
When I Am Gloomy (Swedish edition)/Shelley Admont
ISBN: 978-1-0497-0188-2 paperback
ISBN: 978-1-0497-0189-9 hardcover
ISBN: 978-1-0497-0190-5 eBook

En molnig morgon vaknade jag och kände mig dyster.

Jag gick upp ur sängen, svepte in mig i min favoritfilt och gick in i vardagsrummet.

"Mamma!" ropade jag. "Jag är på dåligt humör."

Mamma tittade upp från sin bok. "Dåligt? Varför säger du så, älskling?" frågade hon.

"Titta på mitt ansikte!" sa jag och pekade på mina rynkade ögonbryn. Mamma log milt.

"Jag har inte ett glatt ansikte idag", mumlade jag. "Älskar du mig fortfarande när jag är dyster?"

"Självklart", sa mamma. "När du är dyster vill jag vara nära dig, ge dig en stor kram och muntra upp dig."

Det fick mig att må lite bättre, men bara för ett ögonblick, för då började jag tänka på alla mina andra humör.

"Så... älskar du mig fortfarande när jag är arg?"

Mamma log igen. "Självklart!"

"Är du säker?" frågade jag och korsade armarna.

"Även när du är arg, är jag fortfarande din mamma.
Och jag älskar dig lika mycket."

Jag tog ett djupt andetag. "Vad händer när jag är blyg?" viskade jag.

"Jag älskar dig när du är blyg också", sa hon. "Kommer du ihåg när du gömde dig bakom mig och inte ville prata med den nya grannen?"

Jag nickade. Jag mindes det väl.

"Och sedan sa du hej och fick en ny vän. Jag var så stolt över dig."

"Älskar du mig fortfarande när jag ställer för många frågor?" fortsatte jag.

"När du ställer många frågor, som nu, får jag se dig lära dig nya saker som gör dig smartare och starkare varje dag", svarade mamma. "Och ja, jag älskar dig fortfarande."

"Tänk om jag inte alls känner för att prata?" fortsatte jag fråga.

"Kom hit", sa hon. Jag klättrade upp i hennes knä och vilade huvudet mot hennes axel.

"När man inte känner för att prata och bara vill vara tyst börjar man använda fantasin. Jag älskar att se vad du skapar", svarade mamma.

Sedan viskade hon i mitt öra: "Jag älskar dig när du är tyst också."

"Men älskar du mig fortfarande när jag är rädd?" frågade jag.

"Alltid", sa mamma. "När du är rädd hjälper jag dig att kontrollera att det inte finns några monster under sängen eller i garderoben."

Hon kysste mig på pannan. "Du är så modig, min älskling."

"Och när du är trött", tillade hon mjukt, "täcker jag över dig med din filt, ger dig din nallebjörn och sjunger vår speciella sång."

"Tänk om jag har för mycket energi?" frågade jag och hoppade upp.

Hon skrattade. *"När du är full av energi cyklar vi, hoppar hopprep eller springer runt utomhus tillsammans. Jag älskar att göra alla dessa saker med dig!"*

"Men, älskar du mig när jag inte vill äta broccoli?" Jag sträckte ut tungan.

Mamma fnissade. "Som den gången du gav Max din broccoli? Han gillade den mycket."

"Såg du det?" frågade jag.

"Självklart gjorde jag det. Och jag älskar dig fortfarande, även då."

Jag tänkte efter en stund och ställde sedan en sista fråga:

"Mamma, om du älskar mig när jag är dyster eller arg ... älskar du mig fortfarande när jag är glad?"

"Åh, älskling", sa hon och kramade mig igen, "när du är glad, är jag också glad."

Hon kysste mig på pannan och tillade: "Jag älskar dig när du är glad lika mycket som jag älskar dig när du är ledsen, arg, blyg eller trött."

Jag myste tätt intill henne och log. "Så… du älskar mig hela tiden?" frågade jag.

"Hela tiden", sa hon. "Vid varje humör, varje dag, jag älskar dig alltid."

Medan hon pratade började jag känna något varmt i hjärtat.

Jag tittade ut och såg molnen sväva bort. Himlen blev blå och solen kom fram.

Det såg ut som att det skulle bli en vacker dag trots allt.

www.ingramcontent.com/pod-product-compliance
Lightning Source LLC
LaVergne TN
LVHW072112060526
838200LV00061B/4871